La Loi Roussel

SES BIENFAITS, SES IMPERFECTIONS
MODIFICATIONS QU'IL Y AURAIT LIEU D'Y APPORTER

COMMUNICATION

PRÉSENTÉE AU IIIe CONGRÈS INTERNATIONAL

POUR

LA PROTECTION DE L'ENFANCE
DU PREMIER AGE

(Berlin 10-15 Septembre 1911)

PAR

le **Docteur Daniel PATERNE,** de Blois

Médecin-Inspecteur de la Protection des Enfants du premier âge

Directeur fondateur de la Consultation des Nourrissons
et de la Goutte de lait de Blois

Membre de la Ligue contre la Mortalité infantile

Membre conseiller du Bureau permanent de l'Union pour la Protection
de l'Enfance du premier âge

Médaille de la Protection du premier âge

Médaille de l'Assistance publique

BLOIS

Imprimerie René Breton, 13, rue Gallois.

1911

La Loi Roussel

SES BIENFAITS, SES IMPERFECTIONS MODIFICATIONS QU'IL Y AURAIT LIEU D'Y APPORTER

COMMUNICATION

PRÉSENTÉE AU IIIe CONGRÈS INTERNATIONAL

POUR

LA PROTECTION DE L'ENFANCE

DU PREMIER AGE

(Berlin 10-15 Septembre 1911)

PAR

le **Docteur Daniel PATERNE,** de Blois

Médecin-Inspecteur de la Protection des Enfants du premier âge

Directeur fondateur de la Consultation des Nourrissons
et de la Goutte de lait de Blois

Membre de la Ligue contre la Mortalité infantile

Membre conseiller du Bureau permanent de l'Union pour la Protection
de l'Enfance du premier âge

Médaille de la Protection du premier âge

Médaille de l'Assistance publique

BLOIS

Imprimerie René Breton, 13, rue Gallois.

1911

LA LOI ROUSSEL

SES BIENFAITS, SES IMPERFECTIONS

MODIFICATIONS QU'IL Y AURAIT LIEU D'Y APPORTER

Toute loi, si bonne soit-elle, est perfectible.

La loi Roussel n'échappe pas à cette règle. Vieille de trente-six ans, elle a besoin d'être rajeunie, et d'être mise en harmonie avec les nécessités des temps présents.

BIENFAITS DE LA LOI ROUSSEL

Elle a sauvé bien des existences d'enfants, elle en sauvera encore dans l'avenir ; et nier ses bienfaits serait nier l'évidence.

De 1864 à 1874, la mortalité générale des enfants de moins d'un an était de 39 o/o.

De 1874 où apparut la loi Roussel à 1883, elle tombe à 27 o/o ; de 1884 à 1893 à 21 o/o.

Et nous voyons la diminution de la mortalité augmenter à mesure que la loi mieux connue est aussi mieux appliquée.

En 1894, elle tombe à 13 o/o.

Chaque année les progrès se produisent plus sensibles, au point de réduire dans certains départements (et le Loir-et-Cher est du nombre) la mortalité à 6 o/o, parfois même au-dessous.

Je crois pourtant (et cette conviction est aussi celle des sociologues et des médecins qui l'étudient et qui l'appliquent) que la loi de notre grand philanthrope français ne donne pas encore son maximum de rendement utile. Je crois que ses bienfaits, indiscutables et indiscutés, se feraient encore mieux sentir, si le législateur voulait bien y apporter certaines modifications devenues nécessaires, et dont l'étude détaillée et raisonnée fera l'objet de ce travail.

Médecin-inspecteur depuis onze ans de la première circonscription de Blois, qui comprend Blois-Ville et neuf communes environnantes, j'ai beaucoup vu. Je crois avoir un peu retenu.

J'ai soigneusement relaté ici tout ce qu'une expérience déjà longue m'a permis d'apprendre. A mes observations personnelles, j'ai ajouté d'intéressants documents puisés dans les archives de l'inspection que mon ami M. Tissot, inspecteur départemental, a mis à ma disposition avec une complaisance dont je lui serai toujours très reconnaissant.

Ce modeste travail aura donc, à défaut d'autres qualités, celle d'être inédit, vécu, et essentiellement Loir-et-Chérien.

BIENFAITS DE LOI ROUSSEL

EN LOIR-ET-CHER

Dans tous les départements où elle est bien appliquée, la loi Roussel a produit ses fruits. Cette constatation est consolante. En Loir-et-Cher, où les inspecteurs sont actifs et vigilants, les médecins-inspecteurs attentifs et dévoués, la mortalité des enfants protégés diminue d'année en année. Depuis quinze ans, le taux de la mortalité s'y est progressivement abaissé, décrivant une courbe assez brusque de 11 à 4. Cette courbe eut été ininterrompue sans un relèvement passager en 1904, dû à la rigueur d'une année exceptionnellement chaude.

Le tableau ci-dessous, dont les chiffres ont été puisés aux sources officielles, c'est-à-dire dans les rapports annuels des inspecteurs départementaux, montre mieux que tout raisonnement quels abaissements de mortalité peut donner la loi Roussel dans un département où elle est sérieusement appliquée.

TABLEAU I

Montrant l'abaissement de la mortalité chez les enfants protégés du Loir-et-Cher dans le cours des quinze dernières années.

Années	Observations	Taux de mortalité
1895		10.94 0/0
1896		8.81
1897		10.09
1898		10.20
1899		9.40
1900		8.62
1901		7.71
1902		7.28
1903		7.14
1904	Année de chaleurs excessives ayant donné 118 cas de mortalité par gastro-entérites, contre 89 en 1902 et en 1903.	8.24
1905		7.13
1906		7.07
1907		6.56
1908		6.17
1909		4.09
1910		chiffre non encore publié.

De ces chiffres qui représentent la mortalité globale des enfants protégés du département, je rapprocherai ceux de ma circonscription de Blois, prise isolément.

TABLEAU II

Indiquant le taux de la mortalité dans la première circonscription de Blois dans le cours des onze dernières années.

Années	Nombre de décès	Nombre de décès p. 100
1900	5 sur 79	6.32 0/0
1901	7 — 142	4.93
1902	8 — 89	8.98
1903	2 — 104	1.92
1904	10 — 06	11.62
1905	6 — 72	8.33
1906	5 — 99	5.05
1907	11 — 102	10.78
1908	3 — 95	3.15
1909	3 — 98	3.06
1910	12 — 108	11.11

IMPERFECTIONS DE LA LOI ROUSSEL

Donc, quand dans notre département, la mortalité des enfants protégés baissait progressivement et presque sans interruption de 10,94 à 4.09 o/o, cette même mortalité dans la circonscription de Blois subissait d'année en année des oscillations aussi étendues qu'irrégulières, allant de 11,62 à 1,92 o/o.

Il y a là une anomalie bien faite pour surprendre. Cette anomalie a cependant une raison d'être sur laquelle je veux attirer l'attention.

Je suis, je l'ai déjà dit, inspecteur d'une circonscription qui comprend une ville et neuf communes. J'inspecte donc des enfants mis en nourrice à la ville et à la campagne, dans la proportion de 2/3 environ à la ville pour 1/3 à la campagne.

Les causes générales de mortalité sévissent dans ma circonscription à la fois urbaine et rurale autant, sinon plus, que dans les circonscriptions exclusivement rurales.

Les maladies infectieuses y déciment les bébés autant, sinon plus qu'à la campagne; les agglomérations de la ville et les conditions de mauvaise hygiène favorisant plus spécialement leur extension. Les entérites les tuent autant, sinon plus, qu'à la campagne; le lait des villes étant de qualité inférieure à celui des campagnes.

Malgré ces conditions défavorables, mes statistiques se rapprocheraient sensiblement de celles de mes confrères inspecteurs ruraux, si je n'avais des causes spéciales qu'ils connaissent peu ou qu'ils connaissent moins, et dont l'action nocive est chez moi si manifeste qu'elle explique les grandes oscillations de ma courbe, qu'elle justifie des chiffres passant brusquement de 1,92 o/o en 1903 à 11,62 en 1904; de 5,05 en 1906 à 10,78 en 1907; de 3,06 en 1909 à 11,11 en 1910.

Ces deux causes spéciales que je dénonce de suite, me réservant d'en reparler plus loin et plus longuement, s'appellent *la mauvaise nourrice* et *le bureau de placement parisien.*

Citadines ou paysannes, les nourrices se recrutent dans la classe pauvre. Comme nourrice, la femme pauvre des champs vaut infiniment mieux que celle des villes.

Son habitation n'est pas luxueuse; elle est du moins saine, parce que vaste, claire et aérée. Tout près, est l'étable qui fournit le lait pur et fraichement tiré.

La femme pauvre des villes habite dans la petite rue la mansarde sans soleil et sans air; et le lait qu'elle achète est toujours de qualité douteuse, sinon franchement mauvaise.

Qu'un malheureux hasard me donne une année beaucoup de mauvaises nourrices à la ville, et j'aurai cette même année beaucoup de décès de nourrissons.

Nous savons enfin, nous surtout qui exerçons assez près de la Capitale, que les bureaux de placement parisiens ont l'abominable habitude de verser en province des quantités de petits débiles qui viennent y mourir, quelquefois sans même avoir pu être réchauffés. J'en reçois relativement peu, mais, j'ai remarqué que les années où les bureaux me faisaient de généreux envois étaient toujours des années de décès.

Et voilà suffisamment expliquées les grandes oscillations de ma courbe.

J'ai eu en 1904 une épidémie de cholérines estivales, en 1907 et en 1910 des épidémies de coqueluches et de rougeoles.

Mais j'ai eu aussi en 1902, en 1904, en 1907 et en 1910 des épidémies bien plus redoutables de mauvaises nourrices et de petits parisiens débiles, et ces années ont été des années de grande mortalité.

J'ai touché du doigt, légèrement et en passant, deux plaies qu'il faudra cicatriser et guérir. J'y reviendrai quand je passerai en vue les améliorations qu'il convient d'apporter à la loi Roussel pour en faire d'une loi déjà très-bonne une loi presque parfaite.

A ceux qui me reprocheraient de critiquer dans un Congrès international une loi admirable, la plus belle peut-être qu'ait promulguée la République, je répondrai que j'ai pour celui dont elle est l'œuvre des sentiments de très respectueuse admiration.

Mais je suis de ceux qui pensent avec le poète latin que rien n'est fait quand il reste encore à faire,

Nil actum reputans, si quid superesset agendum

et j'estime que c'est aimer la loi Roussel que de la désirer plus profitable et plus parfaite.

Je passerai successivemnt en revue tous les articles de la loi du 23 décembre 1874, proposant au fur et à mesure, avec explications justificatives, les modifications et les changements de texte qui me semblent devoir y être apportés.

MODIFICATIONS QU'IL Y A LIEU D'Y APPORTER

ARTICLE PREMIER

TEXTE LÉGAL	TEXTE PROPOSÉ
Tout enfant âgé de moins de deux ans, qui est placé, moyennant salaire, en nourrice, en sevrage ou en garde hors du domicile de ses parents devient par ce fait l'objet d'une surveillance de l'autorité publique, ayant pour but de protéger sa vie et sa santé.	Tout enfant âgé de moins de deux ans, qui est placé en nourrice, en sevrage ou en garde, hors du domicile de ses *père et mère,* devient par ce fait l'objet d'une surveillance ayant pour but de protéger sa vie et sa santé. Les enfants secourus temporairement, âgés de moins de 2 ans et domiciliés chez leur mère, bénéficieront obligatoirement de cette même surveillance.

Je demande la suppression des mots : *moyennant salaire*. Nous protégeons des enfants. Peu nous importe que la nourrice reçoive ou non des parents une rétribution. Salariée ou non, elle est une nourrice ; à ce titre elle doit être inspectée.

Un sous-inspecteur de l'Assistance me racontait certain jour une aventure assez plaisante. Une femme pauvre et inscrite sur la liste d'Assistance de Blois avait chez elle un nourrisson. Elle n'avait fait aucune déclaration, et ne s'était munie d'aucun certificat ni municipal ni médical. Elle était donc en contravention et sous le coup de poursuites pour infraction à la loi de 1874. Mais le père de l'enfant qui était clerc chez un agent d'affaires avait lu la loi Roussel et connaissait l'article premier. Il dirigea la coupable, et celle-ci, à la stupéfaction et au grand embarras du juge, déclara qu'elle était philanthrope et qu'elle logeait et nourrissait un enfant sans salaire. L'Administration n'osa pas s'engager dans le maquis de la procédure où cette *non-salariée* l'attirait, et l'affaire fut prudemment abandonnée.

Je demande que les mots : *Hors du domicile de ses parents* soient remplacés par les mots : *Hors du domicile de ses père et mère.* Ce faisant, je vise les grands parents.

Nous savons, hélas, quelles détestables éleveuses sont les grands' mères. Imbues de vieux errements, ces femmes âgées, et qui, en raison de leur âge, parlent toujours de leur grande expérience, n'ont en réalité que des préjugés et des pratiques routinières détestables.

Je demande enfin que le bénéfice de l'article premier s'étende aux enfants secourus temporairement.

Je sais par expérience que trop de mères ne voient dans les allocations qui leur sont accordées qu'un secours pour leurs propres besoins, et oublient que c'est aux pauvres petits que le secours est spécialement destiné.

J'ai inspecté cette année un enfant secouru qui couchait dans sa petite voiture et à qui la mère, d'ailleurs en contravention avec l'article 28 du réglement d'administration générale, refusa toujours d'acheter un berceau.

L'administration donne un secours, elle le donne à l'enfant. Elle doit s'assurer que ce secours va à l'enfant et rien qu'à l'enfant.

Peut-être de tout secours, le plus efficace serait-il l'inspection médicale. Les mères d'enfants secourus sont toutes pauvres, pour la plupart filles-mères, souvent très-médiocres éducatrices.

Une expérience d'inspection des enfants secourus a déjà d'ailleurs été faite. M. Mazade avait établi que la mortalité des enfants secourus à Marseille atteignait pendant la première année le chiffre très élevé de 30 o/o. Un poste de médecin-inspecteur fut fondé pour surveiller les mères secourues par la Ville, et la mortalité tomba de suite à 7 o/o. Il y a là une indication qu'il serait coupable de ne pas mettre à profit.

Article 2

Texte légal

La surveillance instituée par la présente loi est confiée, dans le département de la Seine, au Préfet de police, et dans les autres départements aux Préfets.

Ces fonctionnaires sont assistés d'un Comité ayant pour mission d'étudier et de proposer les mesures à prendre, et composé comme il suit :

Deux membres du Conseil général désignés par ce Conseil ;

Dans le département de la Seine, le Directeur de l'Assistance publique, et dans les autres départements, l'Inspecteur du service des enfants assistés ;

Six autres membres, nommés par le Préfet, dont un pris parmi les médecins membres du Conseil départemental d'hygiène publique et trois parmi les administrateurs des Sociétés légalement reconnues qui s'occupent de l'enfance, notamment des Sociétés protectrices de l'enfance, des Sociétés de Charité maternelle, où à leur défaut parmi les membres des Commissions administratives des hospices et des bureaux de bienfaisance.

Des Commissions locales sont insti-

Texte proposé

La surveillance instituée...........
....
....
.... aux Préfets.

Ces fonctionnaires ....
....
....
composé comme il suit :

Deux membres du Conseil général désignés par ce Conseil ;

Dans le département de la Seine, le Directeur de l'Assistance publique, et dans les autres départements l'Inspecteur du service des enfants assistés ;

Six autres membres nommés par le Préfet, dont trois choisis parmi les médecins-inspecteurs du département.

Le Comité ainsi constitué sera obligatoirement consulté sur la nomination et sur la révocation des médecins-inspecteurs.

Les fonctions instituées par le présent article sont gratuites.

tuées, par un arrêté du Préfet, après avis du Comité départemental, dans les parties du département où l'utilité en sera reconnue, pour concourir à l'application des mesures de protection des enfants et de surveillance des nourrices et gardeuses d'enfants.

Deux mères de famille font partie de chaque Commission locale.

Les fonctions instituées par le présent article sont gratuites.

La composition du Comité départemental doit-être complètement modifiée. Pour des raisons qui échappent, le législateur en a systématiquement écarté les gens du bâtiment, les médecins-inspecteurs. Et par qui les a-t-il remplacés? Par des administrateurs de sociétés légalement reconnues, par des membres de Commissions administratives d'hospices et de Bureaux de bienfaisance.

Nous savons comment se recrutent en province les membres de ces divers groupements. Ils savent peut-être qu'il y a en France une loi Roussel qui protège les nourrissons, mais cette loi dont ils ignorent l'a b c n'a jamais été pour eux d'un intérêt bien palpitant. Ils devront disparaître et céder la place aux médecins-inspecteurs, qui seuls sont qualifiés pour *étudier et proposer les mesures à prendre* dans une loi, que seuls ils connaissent dans ses moindres détails.

Les nominations et les révocations des médecins-inspecteurs ne pourront se faire sans que le Comité ait été préalablement consulté.

Le Médecin-Inspecteur sera avant tout un homme qui aime les enfants (un père de famille si la chose est possible) et qui veille sur eux avec un soin affectueux et jaloux. Qu'il soit ou non l'ami du pouvoir, peu importera; sa nomination ne sera jamais une récompense électorale, jamais sa révocation une disgrâce. Belle, pure et blanche, la loi Roussel ne doit pas être tachée par les éclaboussures de la politique.

Est-il bien nécessaire de demander la suppression des Commissions locales?

Dans la pensée de Th. Roussel, les Commissions locales devaient être l'auxiliaire le plus puissant et le plus direct de la loi de protection.

L'Inspection médicale n'était prévue qu'à titre éventuel.

Cette institution en réalité a été mort-née, parce que non viable.

La Commission locale devait aux termes du réglement d'administration publique comprendre le Maire, deux mères de famille, le curé, le pasteur et le rabbin dans les communes où siègent un Conseil presbytéral et un consistoire.

Les nominations suscitèrent naturellement au village des jalousies et des querelles retentissantes. Mis dans l'alternative de choisir dans le camp des amis politiques ou dans le camp des adversaires les maires choisirent naturellement parmi leurs amis. Et l'incohérence la plus absolue régna au sein de ces Commissions vaudevillesques. La puériculture n'ayant jamais été enseignée ni au temple, ni à la synagogue ni au séminaire, pasteurs, rabbins et curés déclinèrent toute compétence ; seules les mères de famille, braves bourgeoises ou villageoises, prirent le rôle au sérieux. Ces femmes imbues de préjugés de campagne constituèrent dès lors un obstacle à tout progrès.

Elles n'avaient pas d'ailleurs l'autorité morale nécessaire pour inspecter et censurer leurs voisines.

Et voilà les auxiliaires qui ont été jetées dans les jambes des Médecins-Inspecteurs. Elles étaient bien intentionnées (l'enfer, hélas, est pavé de bonnes intentions !) Mais elles étaient mal éduquées, mal préparées à ce rôle délicat auquel on eut le grand tort de les convier.

Mme Moniez n'a pas vu sans regrets la femme, la mère de famille disparaître de la loi Roussel, et elle s'est efforcée de réhabiliter les Commissions locales. S'il y avait une seule dame Moniez dans toutes les communes de France, il faudrait de suite les réorganiser.

De pareilles femmes assureraient au Médecin-Inspecteur un concours précieux et inespéré.

Le jour où la Puériculture, enseignée dans toutes les écoles de filles, aura donné de sérieuses éducatrices au pays, la question des Commissions locales pourra être posée à nouveau.

Mais nous sommes loin de cet idéal rêvé ! Laissons-les jusqu'à nouvel ordre sommeiller dans le tombeau où les Préfets ont eu le bon esprit de les ensevelir, et qu'elles y reposent en paix !

ARTICLE 3

TEXTE LÉGAL	TEXTE PROPOSÉ
Il est institué, près le Ministère de l'Intérieur, un Comité supérieur de protection des enfants du premier âge, qui a pour mission de réunir et de coordonner les documents transmis par les Comités départementaux, d'adresser chaque année au Ministre un rapport sur les travaux de ces Comités sur la mortalité des enfants, et sur les mesures les plus propres à assurer et étendre les bienfaits de la loi, et de proposer, s'il y a lieu, d'accorder des récompenses honorifiques aux personnes qui se sont distinguées par leur dévouement et leurs services.	Il est institué .... par leur dévouement et leurs services.
Un membre de l'Académie de médecine désigné par cette académie, le Président de la Société protectrice de l'enfance de Paris, de la Société de Charité maternelle et de la Société des Crèches font partie de ce Comité.	Un membre de l'Académie .... partie de ce Comité.
Les autres membres au nombre de sept sont nommés par décret du Président de la République.	Les autres membres, au nombre de sept et comprenant au moins trois médecins-inspecteurs sont nommés par décret du Président de la République.
Les fonctions de membre du Comité supérieur sont gratuites.	Les fonctions .... gratuites.

Les Médecins-Inspecteurs étaient exclus du Comité départemental. Ils le sont encore du Comité supérieur de protection. Je demande réparation de cette injustice; s'ils sont à la peine, ils doivent être à l'honneur.

Article 4

TEXTE LÉGAL	TEXTE PROPOSÉ
Il est publié chaque année, par les soins du Ministre de l'Intérieur une statistique détaillée de la mortalité des enfants du premier âge et spécialement des enfants placés en nourrice, en sevrage ou en garde. Le Ministre adresse en outre chaque année, au Président de la République, un rapport officiel sur l'exécution de la présente loi.	(Conforme au texte légal.)

Article 5

TEXTE LÉGAL	TEXTE PROPOSÉ
Dans les départements où l'utilité d'établir une inspection médicale des enfants en nourrice, en sevrage ou en garde est reconnue par le Ministre de l'Intérieur, le Comité supérieur consulté, un ou plusieurs médecins sont chargés de cette inspection. La nomination de ces inspecteurs appartient aux Préfets.	La nomination des médecins-inspecteurs appartient aux Préfets. A défaut de vote par les Conseils généraux de crédits nécessaires à l'exécution de la présente loi, il sera pourvu d'office et par décret à l'inspection de ces crédits au budget départemental.

L'utilité de l'Inspection médicale n'est plus discutable, et le premier paragraphe de l'article 5 doit disparaître. La loi Roussel devant étendre ses bienfaits sur tout le territoire, il n'est pas admissible que certains Conseils généraux demeurent réfractaires, et pour manifester leur hostilité aux pouvoirs établis, persistent à priver des innocents, que la politique indiffère, des secours de protection qui leur sont dûs. Dans quelques départements, rares il est vrai, la loi de 1874 ne fonctionne pas encore. L'inscription d'office des crédits fera cesser cette anomalie choquante.

Article 6

TEXTE LÉGAL	TEXTE PROPOSÉ
Sont soumis à la surveillance instituée par la présente loi : toute personne ayant un nourrisson, ou un ou plusieurs enfants en sevrage ou en garde, placés chez elle moyennant salaire ; les bureaux de placement et tous les intermédiaires qui s'emploient au placement des enfants en nourrice, en sevrage ou en garde.	Est soumise à la surveillance, instituée par la présente loi, toute personne ayant placés chez elle un ou deux enfants en nourrice, en sevrage ou en garde. Le refus de recevoir.............. ....

Le refus de recevoir la visite du médecin-inspecteur, du maire de la commune ou de toutes autres personnes déléguées ou autorisées en vertu de la présente loi, est puni d'une amende de cinq à quinze francs (5 à 15 francs). Un emprisonnement de un à cinq jours peut être prononcé, si le refus dont il s'agit est accompagné d'injures ou de violences.	.... de cinq à quinze francs (5 à 15 fr). Un emprisonnement .... d'injures ou de violences. Les parents qui s'opposeront à l'exécution de la présente loi seront passibles des mêmes peines.

De cet article 6, je supprime les mots : « moyennant salaire (voir article premier). Je supprime également ce qui a trait aux bureaux de placement et aux intermédiaires; je dirai pourquoi quand je ferai la critique de l'article 11.

Et je propose une addition qui me paraît juste. Nous sommes tous égaux devant la loi; mauvais parents et mauvaises nourrices doivent être traités sur le pied d'égalité.

ARTICLE 7

TEXTE LÉGAL	TEXTE PROPOSÉ
Toute personne qui place un enfant en nourrice, en sevrage ou en garde, moyennant salaire, est tenue sous les peines portées par l'article 346 du Code pénal d'en faire la déclaration à la mairie de la commune où a été faite la déclaration de naissance de l'enfant, ou à la mairie de la résidence actuelle du déclarant, en indiquant, dans ce cas, le lieu de la naissance de l'enfant et de remettre à la nourrice ou à la gardeuse un bulletin contenant un extrait de l'acte de naissance de l'enfant qui lui est confié.	(Conforme au texte légal, avec la suppression des mots : « moyennant salaire ».)

ARTICLE 8

TEXTE LÉGAL	TEXTE LÉGAL
Toute personne qui veut se procurer un nourrisson ou un ou plusieurs enfants en sevrage ou en garde est tenue de se munir préalablement des certificats exigés par les réglements pour indiquer son état-civil et justifier de son aptitude à nourrir ou à recevoir des enfants en sevrage ou en garde. Toute personne qui veut se placer comme nourrice sur lieu est tenue de se nunir d'un certificat du maire, indiquant si son dernier enfant est vivant et constatant qu'il est âgé de sept mois révolus, ou, s'il n'a pas atteint cet âge, qu'il est	Toute personne qui veut se procurer .... en sevrage ou en garde. (Suppression du second alinéa relatif à la nourrice sur lieu.)

allaité par une autre femme remplissant les conditions qui seront déterminées par le réglement d'administration publique prescrit par l'article 12 de la présente loi.	
Toute déclaration ou énonciation reconnue fausse dans les dits certificats, entraîne l'application au certificateur des peines portées au paragraphe premier de l'article 155 du Code pénal.	Toute déclaration .... l'article 115 du Code pénal.

Avant de discuter ce très intéressant article, je veux signaler une anomalie qui m'a toujours déconcerté.

Le second alinéa ne vise que la nourrice *sur lieu,* en sorte qu'une femme, qui ne peut sevrer son enfant pour aller allaiter un autre enfant *au domicile des parents* peut très bien sans être inquiétée sevrer son enfant et en allaiter un autre *chez elle.*

C'est le comble de l'incohérence!

Si le second alinéa de l'article 8 était maintenu dans la prochaine loi revisée, les mots « *sur lieu* » devraient être supprimés, et remplacés par les mots « *au sein* ». Au lieu de nourrice sur lieu, il faudrait lire nourrice au sein.

Mais cet article qui a fait couler tant de flots d'encre, et autour duquel se sont agitées tant de discussions éloquentes et passionnées, devra-t-il être maintenu?

« Il a été dicté par l'idée que le lait de la femme appartient non à « elle mais à son enfant, qu'elle n'a donc pas le droit d'en trafiquer à « sa guise, que si elle peut être admise à le céder à un enfant étranger, « c'est seulement lorsqu'il est légitime de présumer qu'il n'est plus « indispensable à la vie et à la santé du sien. » (Monod-Circulaire ministérielle du 27 octobre 1894.)

Idée saine, élevée, généreuse, contre laquelle personne ne songe à s'élever et que le professeur Pinard a défendue avec son éloquence habituelle, au sein de l'Académie de médecine :

« Que diriez-vous d'une femme, qui, dénuée de toutes ressources, donnerait à prix d'argent le sang de son enfant pour faire une transfusion? Vous vous révolteriez, et vous auriez raison. Eh bien, est-ce que l'enfant privé du lait de sa mère et de sa mère elle-même, est-ce que cet abandonné ne va pas courir autant de dangers, sinon plus, que l'enfant à qui on aura pris une certaine quantité de sang? Je sais bien que les pauvres petits ne réclament pas, ils disparaissent silencieusement. Eh bien! je viens crier pour eux, et je voudrais que mon cri fut entendu de partout. » (Pinard, Académie de médecine, 29 mars 1903.)

Le cri a été entendu.

Oui, le lait de la mère appartient à l'enfant.

Nous voulons que ce lait lui appartienne, et, puisque l'enfant est un mineur, puisque ce mineur a un droit, nous voulons que l'Etat intervienne pour défendre ce droit. Nous voulons que l'Etat prenne la direction de l'allaitement des nouveau-nés, et se substitue enfin aux œuvres philanthropiques qui sont trop clair-semées, dont l'action est limitée et dont l'effort n'est pas assez continu.

« Le patrimoine des existences, a dit Waldeck-Rousseau, le capital « humain, c'est la richesse la plus précieuse, c'est la substance même « d'une nation. Protéger la vie de l'enfant, sauvegarder ainsi l'avenir, « c'est pour tous les peuples, quelque exubérante que soit leur nata- « lité, à la fois donner satisfaction à un intérêt de premier ordre et « accomplir un devoir étroit. Dans les pays tels que le nôtre où le « mouvement ascensionnel de la population est extrêmement faible, « cet intérêt est plus vital encore, ce devoir est encore plus impé- « rieux. »

Apôtres de l'allaitement maternel, nous prêcherons la croisade du sein à l'enfant. *L'enfant le veut!* Nous ne voulons plus que des exigences sociales séparent brutalement le nouveau-né de celle qui lui a donné la vie.

Une grande loi réformatrice s'impose.

Quel spectacle que celui dont nous sommes journellement les témoins attristés!

Une femme vient d'accoucher. Elle était hier ouvrière, employée, domestique. L'enfant venu, il faut songer à le faire vivre. Mais pour le faire vivre, il faut d'abord vivre soi-même.

On pourrait se placer comme nourrice et gagner de beaux gages, mais la loi de 1874 le défend. Nourrir son enfant pendant sept mois et allaiter ensuite un nourrisson étranger, il n'y faut pas songer; on ne vit pas sept mois sans rien gagner.

Il n'y a qu'une ressource : Tarir bien vite ses seins et retourner au travail. Et l'enfant, l'éternel sacrifié, que l'on confie à une mercenaire devient (ô ironie des mots), un enfant *protégé!* que le lait maternel aurait fait vivre et que la loi Roussel empêchera de mourir... peut-être!

Plus l'industrie d'une région est florissante, et plus cette honte sociale se généralise, plus la mercenaire remplace la mère, plus le biberon remplace le sein. On frémit, quand on pense qu'un industriel à court d'ouvrières peut, pour les besoins de son industrie, faire de véritables levées de mères.

Et voilà comment, au nom d'un texte de loi découlant de principes excellents et de moralité très pure, le lait des femmes est perdu non seulement pour leurs propres enfants auxquels il appartenait, mais encore pour d'autres enfants qui auraient pu l'utiliser.

Et ici l'incohérence de l'article 8 apparaît avec une éblouissante clarté : Tu ne sevreras pas ton enfant pour allaiter un enfant étranger. dit-il impérieusement à la mère, mais tu pourras sevrer ton enfant pour le nourrir ou le faire nourrir au biberon. Je ne veux pas que tu fasses une victime, je veux bien que tu en fasses deux.

Une loi d'ailleurs se juge à ses résultats.

Les résultats de l'article 8 ont été nuls. Cet article était inexécutable, il a été inexécuté. Les maires ont facilité la fraude en produisant des certificats de complaisance, les Médecins-Inspecteurs ont prêché l'allaitement naturel, ont constaté que leurs conseils étaient peu ou pas suivis, et ont fermé les yeux. Les juges eux-mêmes transigent avec la loi, et ne condamnent pas les délinquantes.

Peuvent-ils d'ailleurs condamner?

La mère pauvre qui veut nourrir son enfant quand même est obligée de mendier ou de se prostituer. « Que feriez-vous, disait « M. Prévost à ses collègues, si vous étiez constitués en tribunal cor- « rectionnel, et si une femme venait vous dire : Je n'ai pas de rentes « (et elle le dira en toute sincérité), il faut que je nourrisse mon « enfant. Si je mendie, vous me mettrez en prison, et si je me place « comme nourrice, vous me mettrez en prison. Si je fais le trottoir « vous me laisserez tranquille. Est-ce là ce que vous désirez? » (Prévost, Société internationale pour l'étude des questions d'Assistance.)

Donc, pour la mère pauvre, pas d'autre alternative : Ou le sevrage de l'enfant, ou la mendicité, ou le trottoir!

Des lois impératives en théorie et facultatives en pratique ne sont pas des lois; une formule sans sanction est une formule sans valeur. Je demande la suppression du second alinéa de l'article 8.

Le docteur Porak a proposé son maintien, mais en réduisant la limite de sept mois à trois mois. J'accepterais volontiers cette proposition s'il m'était démontré que les mères s'y soumettront. Mais en pratique elles ne le pourront pas; la femme pauvre ne vit pas trois mois sans gagner, et la difficulté ne sera pas solutionnée pour elle, puisqu'elle aura toujours devant elle comme uniques ressources : le sevrage, la mendicité ou le trottoir.

Faut-il alors se rallier à la proposition de M. Marbeau, qui refusant de résoudre un problème aussi complexe demande la suppression pure et simple de l'article 8, les mères pouvant disposer de leurs seins comme elles l'entendent et l'Etat n'ayant pas à intervenir dans des questions privées et d'intimité toute familiale?

Je demande moi aussi la suppression du second alinéa de l'article 8, mais avec un correctif. Et j'espère, grâce à ce correctif, rallier des opinions extrêmes et en apparence opposées, et rapprocher ceux qui, à la même tribune et devant la même assemblée, les ont défendues avec le même talent d'éloquence et la même force de conviction.

Je veux avec Pinard que le sein de la mère appartienne à l'enfant, et je veux avec Marbeau que la mère puisse disposer de son sein comme elle l'entend.

Mais je veux aussi que l'Etat aide la mère à disposer de ce sein en faveur de son propre enfant.

L'Etat qui intervient pour obliger des parents à faire vacciner un enfant et à le faire instruire, peut et doit intervenir pour les obliger à le faire vivre. En d'autres termes, la protection des nouveau-nés est un devoir d'Etat. Quelquefois l'Etat devra protéger, même malgré la mère. Mais pour cette protection, comme pour tout ce qui touche à la vie familiale, au lieu de recourir à des prescriptions dont les intéressés ne comprennent pas la haute portée sociale, auxquelles ils refusent de se soumettre et auxquelles on ne peut les contraindre à se soumettre, l'Etat sera mieux inspiré s'il s'attache à éclairer les mères et à les aider.

Les éclairer, en distribuant à profusion aux nouvelles accouchées, des opuscules contenant les instructions sur le mode d'alimenter et d'élever; en instituant des cours de puériculture dans toutes les écoles de filles; en créant, partout où cela sera utile, des écoles de mères, des consultations de nourrissons. Un grand pas en avant a déjà été fait en ce sens, sous l'heureuse initiative de M. Mirman.

Les aider, en subventionnant généreusement toutes les œuvres sérieuses de protection de l'Enfance, et surtout en rendant obligatoire par un texte de loi, *l'assistance aux femmes enceintes et aux mères qui allaitent.*

Je ne sortirai pas du cadre que je me suis tracé. Je déclare seulement ici que cette loi devra reconnaître à toute femme enceinte le droit et le devoir de cesser tout travail dans le dernier mois de sa grossesse; à toute mère le droit de cesser dès son accouchement et pendant sept mois, tout travail, à la condition qu'elle allaite pendant ce temps son enfant. Pendant ce chômage une indemnité quotidienne lui sera assurée. Elle recevra en outre une indemnité mensuelle proportionnelle au nombre de ses enfants vivants, âgés de moins de treize ans.

En résumé, l'article 8 dit actuellement aux mères :

Votre lait appartient à votre enfant. Nourrissez-le ou sevrez-le. Si vous nourrissez un enfant étranger avant sept mois, nous vous mettrons en prison.

La loi proposée leur dira : Votre lait appartient à votre enfant. Nourrissez-le. Nous vous donnerons pour ce faire aide et secours.

Lequel de ces deux textes est le plus applicable et le plus humain? Duquel pouvons-nous attendre le plus de résultats heureux?

Je prévois quelques objections :

1° Le Commerce et l'Industrie ont besoin du travail des femmes. Enlever les mères à l'industrie, n'est-ce pas donner aux affaires un coup préjudiciable, fatal peut-être?

Et quand cela serait? De deux maux, il faut choisir le moindre; si le Commerce et l'Industrie ont besoin de femmes, la France a besoin d'enfants.

Mais cela n'est pas.

Les industriels qui emploient des mères auront un moyen bien simple de les conserver. Ils n'auront qu'à créer soit à l'usine soit à proximité de l'usine, une crèche industrielle où elles iront plusieurs fois par jour allaiter. La loi d'assistance obligera d'ailleurs tout établissement employant un minimum de vingt femmes à se pourvoir d'une crèche leur permettant d'y amener et d'y allaiter leurs enfants.

Les femmes qui travaillent isolément seront moins bien partagées. Je le reconnais. Il est bien difficile, pour ne pas dire impossible, de trouver des dispositions légales pouvant satisfaire tous les cas particuliers. Les mères isolées auront cependant la ressource d'allaiter leur enfant au domicile de l'employeur, si ce dernier y consent. En cas contraire, elles pourront le faire allaiter par une nourrice mercenaire. Avec la loi proposée, ces dernières, surtout après sept mois, ne seront ni rares ni difficiles à trouver. Un secours mensuel, dit d'allaitement mercenaire, pourrait être prévu, et leur serait versé jusqu'à ce que l'enfant ait atteint ses sept mois. En cas d'impossibilité, elles auraient en dernière ressource et, faute de mieux, le bon lait de la goutte de lait voisine, généreusement subventionnée par l'Etat;

2° Cette nouvelle loi d'assistance va être une nouvelle charge onéreuse pour les finances de l'Etat.

D'abord, les frais de cette loi se trouveront singulièrement allégés par la création obligatoire des crèches industrielles dans les établissements occupant un minimum de vingt femmes.

D'autre part, cette loi diminuera de façon assez sensible les dépenses actuelles de la loi de 1874.

Quand les mères allaiteront, le nombre des enfants protégés sera singulièrement réduit, puisqu'il ne comprendra plus que des nourrissons de sept mois à deux ans.

D'ailleurs cette loi coutât-elle cher au pays, qu'il faudrait quand même l'édicter.

Nous assistons à une véritable éclosion de lois sociales.

Nos malades indigents sont soignés; nos accidentés de travail sont soignés et pensionnés; nos infirmes, nos incurables, nos vieillards sont assistés; nos ouvriers et nos agriculteurs âgés seront bientôt retraités.

J'accepte que dans une société bien organisée, le malade, l'infirme, le vieillard aient droit à l'Assistance. L'homme, quand il n'est plus qu'une loque, a droit à l'aide et au respect parce que la loque est humaine. Mais à cette loque faut-il tout sacrifier? Pour une catégorie d'êtres humains de valeur sociale nulle ou presque nulle, faut-il abandonner ce qui est notre force vitale même : la mère qui donne l'enfant, et l'enfant, avenir et espérance du pays? Faut-il tout donner au passé, rien au présent; tout à la mort, rien à la vie.

O philanthropie, que de sottises se commettent en ton nom!

La loi d'assistance aux femmes enceintes et aux mères s'impose, et s'impose d'urgence.

Quand cette loi sociale qui logiquement aurait dû nous être donnée avant les autres sera enfin votée et promulguée, l'alinéa 2 de l'article 8 n'aura plus de raison d'être. A cette condition, et à cette condition seulement, je demande sa suppression.

Article 9

TEXTE LÉGAL	TEXTE PROPOSÉ
Toute personne qui a reçu chez elle, moyennant salaire, un nourrisson ou un enfant en sevrage ou en garde, est tenue sous les peines portées à l'article 346 du Code pénal : 1° D'en faire la déclaration à la Mai-	Conforme au texte légal, avec la suppression des mots : « moyennant salaire ».

rie de la commune de son domicile dans les trois jours de l'arrivée de l'enfant, et de remettre le bulletin mentionné en l'article 7 ;

2° De faire, en cas de changement de résidence, la même déclaration à la Mairie de sa nouvelle résidence ;

3° De déclarer dans le même délai le retrait de l'enfant par ses parents ou la remise de cet enfant à une autre personne pour quelque cause que cette remise ait lieu ;

4° En cas de décès de l'enfant, déclarer ce décès dans les vingt-quatre heures.

Après avoir inscrit ces déclarations au registre mentionné à l'article suivant, le Maire en donne avis, dans le délai de trois jours, au Maire de la commune où a été faite la déclaration prescrite par l'article 7.

Le Maire de cette dernière commune donne avis, dans le même délai, des déclarations prescrites par les n°s 2, 3, 4 ci-dessus, aux auteurs de la déclaration de mise en nourrice, en sevrage ou en garde.

Article 10

TEXTE LÉGAL	TEXTE PROPOSÉ
Il est ouvert dans les Mairies un registre spécial pour les déclarations cidessus prescrites. Ce registre est coté, parafé, vérifié tous les ans par le juge de paix. Ce magistrat fait un rapport annuel au Procureur de la République, qui le transmet au Préfet, sur les résultats de cette vérification. En cas d'absence ou de tenue irrégulière du registre, le Maire est passible de la peine édictée à l'article 50 du Code civil.	(Conforme au texte légal.)

Article 11

TEXTE LÉGAL	TEXTE PROPOSÉ
Nul ne peut ouvrir ou diriger un bureau de nourrice, ni exercer la profession d'intermédiaire pour le placement des enfants en nourrice, en sevrage ou en garde, et le louage des nourrices, sans en avoir obtenu l'autorisation préalable	Le placement des enfants en nourrice, en sevrage ou en garde et le louage des nourrices est confié dans le département de la Seine au Préfet de police et dans les autres départements aux Préfets.

du Préfet de police dans le département de la Seine ou du Préfet dans les autres départements.

Toute personne qui exerce sans autorisation l'une ou l'autre de ces professions, ou qui néglige de se conformer aux conditions de l'autorisation ou aux prescriptions des réglements est punie d'une amende de seize à cent francs (16 à 100 fr.). En cas de récidive, la peine d'emprisonnement prévue par l'article 480 du Code pénal peut-être prononcée.

Ces mêmes peines sont applicables à toute sage-femme et à tout autre intermédiaire qui entreprend, sans autorisation, de placer des enfants en nourrice, en sevrage ou en garde.

Si, par suite de la contravention ou par suite d'une négligence de la part d'une nourrice ou d'une gardeuse, il est résulté un dommage pour la santé d'un ou de plusieurs enfants, la peine d'emprisonnement de un à cinq jours peut être prononcée.

En cas de décès d'un enfant, l'application des peines portées à l'article 319 du Code pénal peut être prononcée.

Toute personne qui dirigera un bureau de nourrice clandestin ou qui exercera la profession d'intermédiaire pour le placement des enfants en nourrice, en sevrage ou en garde et le louage des nourrices sera punie d'une amende de seize à cent francs.

En cas de récidive, la peine d'emprisonnement prévue par l'article 480 du Code pénal pourra être prononcée.

Ces mêmes peines ....
....
....
....
en sevrage ou en garde.

Si, par suite ....
....
....
....
....
.... peut être prononcée.

En cas de décès ....
....
peut être prononcée.

Paris déverse sur la province et dans un rayon de soixante lieues environ son trop plein de jeune chair humaine. Le Loir-et-Cher est compris dans ce rayon; et, pour des raisons purement géographiques, l'arrondissement de Vendôme placé au Nord et par conséquent le plus près de Paris, en reçoit plus que l'arrondissement de Blois, lequel en reçoit plus à son tour que celui de Romorantin qui est le plus au Sud. Les petits parisiens vont plus à la campagne qu'à la ville, et ma circonscription qui comprend Blois-Ville en reçoit relativement peu.

J'ai constaté, et cette constatation a été relatée au commencement de ce travail, que l'affluence plus ou moins grande des bébés parisiens dans ma circonscription était un facteur appréciable de mortalité.

J'ai voulu voir si ce facteur existait ailleurs, et j'ai eu la patience de fouiller les registres de l'Assistance publique, cherchant commune par commune, canton par canton et arrondissement par arrondissement le nombre de petits parisiens qui ont été placés pendant les huit dernières années. Je n'ai pu remonter plus haut, faute de documents.

J'ai rapproché les chiffres ainsi obtenus, des chiffres officiels de mortalité canton par canton et arrondissement par arrondissement pendant les mêmes années.

De ce rapprochement j'ai cru pouvoir tirer des conclusions intéressantes.

TABLEAU III

Indiquant le nombre d'enfants de la région parisienne, placés en nourrice en Loir-et-Cher de 1902 à 1909.

BLOIS

Années.	Blois-Est.	Blois-Ouest.	Bracieux.	Contres.	Herbault.	Marchenoir.	Mer.	Montrichard.	Ouzouer-le-Marché.	Saint-Aignan
1902	48 sur 144	18 sur 45	68 sur 100	256 sur 334	60 sur 112	73 sur 90	57 sur 83	144 sur 180	110 sur 130	93 sur 164
1903	57 » 143	21 » 47	73 » 124	221 » 288	68 » 127	70 » 83	53 » 69	128 » 163	103 » 117	105 » 130
1904	39 » 106	30 » 54	52 » 100	230 » 323	62 » 116	74 » 97	50 » 68	114 » 159	110 » 121	111 » 132
1905	30 » 126	29 » 54	48 » 105	201 » 293	60 » 107	62 » 76	39 » 57	108 » 184	96 » 108	77 » 132
1906	30 » 123	28 » 61	50 » 102	170 » 269	50 » 98	65 » 76	35 » 77	94 » 165	79 » 90	53 » 120
1907	27 » 117	35 » 73	56 » 106	204 » 282	40 » 87	50 » 65	35 » 62	95 » 168	78 » 91	47 » 104
1908	28 » 102	37 » 73	66 » 100	186 » 266	35 » 90	61 » 73	26 » 41	89 » 144	58 » 62	39 » 116
1909	28 » 100	31 » 69	46 » 72	184 » 280	47 » 73	49 » 71	26 » 45	102 » 166	56 » 76	58 » 115
Totaux.	287 » 961	229 » 474	459 » 807	1652 » 2335	422 » 810	504 » 631	321 » 502	874 » 1329	690 » 795	588 » 1022
Moyenne des cantons	29,8 0/0	48,3 0/0	56,8 0/0	70,7 0/0	52 0/0	79,8 0/0	63,9 0/0	65,7 0/0	86,7 0/0	57,5 0/0
Moyenne des arrond.	66,6 0/0									

ROMORANTIN

Années.	Romorantin.	Lamotte-Beuv.	Mennetou.	Neung-s.-Beuv	Salbris.	Selles-s.-Cher.
1902	32 sur 99	89 sur 119	29 sur 40	52 sur 84	111 sur 157	57 94
1903	42 » 118	73 » 123	29 » 47	49 » 78	114 » 150	42 » 65
1904	29 » 116	89 » 115	11 » 23	43 » 63	105 » 132	37 » 61
1905	30 » 110	68 » 110	8 » 29	37 » 73	120 » 164	37 » 64
1906	25 » 104	37 » 90	11 » 32	40 » 69	115 » 165	28 » 54
1907	30 » 114	53 » 107	10 » 25	41 » 75	126 » 176	41 » 68
1908	27 » 107	41 » 107	13 » 35	44 » 86	129 » 185	53 » 83
1909	31 » 104	52 » 95	14 » 37	47 » 95	93 » 137	43 » 85
Totaux..	246 » 868	502 » 866	125 » 268	353 » 623	913 » 1264	338 » 574
Moyenne des cantons	28,3 0/0	57,9 0/0	46,6 0/0	56,6 0/0	72,2 0/0	58,8 0/0
Moyenne des arrond.	53,4 0/0					

VENDOME

Années.	Vendôme.	Droué.	Mondoubleau.	Montoire.	Morée.	Saint-Amand	Savigny.	Selommes.
1902	126 sur 180	188 sur 189	193 sur 235	81 sur 129	293 sur 326	27 sur 51	72 sur 111	40 sur 59
1903	116 » 149	172 » 205	224 » 273	134 » 155	256 » 278	25 » 44	70 » 114	35 » 50
1904	102 » 153	147 » 175	262 » 301	126 » 143	240 » 256	35 » 47	77 » 102	31 » 45
1905	93 » 167	121 » 132	246 » 274	107 » 127	226 » 241	30 » 43	64 » 79	23 » 34
1906	87 » 144	84 » 112	197 » 280	92 » 118	170 » 206	24 » 38	43 » 87	22 » 34
1907	72 » 109	86 » 97	188 » 253	85 » 9[illegible]	163 » 203	16 » 40	39 » 69	11 » 22
1908	81 » 126	67 » 91	14[illegible] » 195	65 » 93	153 » 202	13 » 41	42 » 79	15 » 30
1909	59 » 133	84 » 104	161 » 202	93 » 130	164 » 203	16 » 50	37 » 74	19 » 34
Totaux..	736 » 1161	949 » 1105	1616 » 2013	783 » 988	1665 » 1915	186 » 354	444 » 715	196 » 308
Moyenne des cantons	63,6 0/0	85,8 0/0	80,3 0/0	79,2 0/0	86,9 0/0	52,5 0/0	62 0/0	63,6 0/0
Moyenne des arrond.	71,7 0/0							

TABLEAU IV

Indiquant la mortalité des enfants protégés en Loir-et-Cher de 1902 à 1909.

BLOIS

Années.	Blois-Est.	Blois-Ouest.	Bracieux.	Contres.	Herbault.	Marchenoir.	Mer.	Montrichard.	Ouzouer-le-Marché.	Saint-Aignan
1902	8.33	2.32	2. »	10.78	2.68	7.77	7.22	6.66	12.30	4.27
1903	5.39	2.12	9.67	8.33	4.77	8.43	8.70	6.13	6. »	7.91
1904	13.20	13. »	8. »	9.31	8.62	10.03	4.41	4.40	13.22	6.06
1905	5.55	7.40	4.85	10.23	5.60	5.26	»	6.52	8.33	4.54
1906	7.31	4.91	4.90	7.06	8.01	6.57	5.19	3.63	12.22	4.16
1907	7.68	2.73	3.77	7.02	9.19	4.61	6.45	4.76	8.79	3.55
1908	4.90	6.84	8. »	8.48	2.22	4.10	7.34	2.77	3.22	5.17
1909	3. »	1.44	2.80	5.35	5.47	2.81	2.22	4.21	3.94	5.19
Moyennes des cantons	6.92	5.09	5.40	8.55	5.77	6.19	5.19	4.88	8.50	5.10
Moyennes des arrond.	6,20									

ROMORANTIN

Années.	Romorantin.	Lamotte-Beuv.	Mennetou.	Neung-s.-Beuv	Salbris.	Selles-s.-Cher.
1902	5.01	4.20	10. »	6. »	1.27	14.89
1903	4.28	9.75	8.51	3.08	4. »	6.15
1904	6.03	3.48	8.90	4.97	3.78	5. »
1905	3.63	6.45	»	2.73	6.73	3.12
1906	4.80	4.44	6.56	7.24	5.45	3.70
1907	1.75	2.80	8. »	1.33	3.97	2.94
1908	3.73	5.60	2.85	4.65	8.74	6.02
1909	3.84	2.10	»	3.16	6.57	4.70
Moyennes des cantons	4.13	4.85	5.60	4.14	5.06	4.56
Moyennes des arrond.	4,72					

VENDOME

Années.	Vendôme.	Droué.	Mondoubleau.	Montoire.	Morée.	Saint-Amand.	Savigny.	Selommes.
1902	5.55	11.11	8.08	7. »	8. »	6. »	6.49	6.66
1903	4.70	9.75	7. »	5.88	9.34	7.14	8.77	6. »
1904	4. »	11.42	9.90	7.75	11.33	2.12	11.76	6.66
1905	5.98	10.60	9.85	5.51	12.03	2.32	8.85	8.82
1906	8.31	8.92	7.50	12.71	8.29	5.26	11.49	8.70
1907	3.66	11.34	11.85	8.42	9.85	5. »	13.04	»
1908	6.34	6.59	8.20	4.31	7.42	4.87	5.06	13.33
1909	3.76	3.84	4.90	4.61	4.66	2. »	4.05	2.94
Moyennes des cantons	5.29	9.19	8.41	7.12	8.86	4.34	8.69	6.64
Moyennes des arrond.	7,32							

L'inspection de ces tableaux établit :

1° Que l'arrondissement de Vendôme qui reçoit 71,7 o/o de parisiens à une mortalité générale de 7,32 ;

L'arrondissement de Blois qui en reçoit 66,6 une mortalité de 6,20 ;

L'arrondissement de Romorantin qui n'en reçoit que 53,4 une mortalité de 4,72.

2° Que dans l'arrondissement de Vendôme, les cantons de Droué, Mondoubleau et Morée les plus au nord et les plus peuplés de parisiens (ils en reçoivent 85,8, 80,3 et 86,9 o/o) ont aussi les mortalités les plus fortes : 9,19, 8,48 et 8,86 o/o.

3° Que dans l'arrondissement de Blois les cantons d'Ouzouer-le-Marché, de Marchenoir et de Contres, les plus peuplés de parisiens comptent également parmi les plus éprouvés ; leur mortalité y étant de 8,50, 6,19 et 8,55 o/o, alors que dans les autres cantons de l'arrondissement (Blois-Est excepté) la mortalité moyenne est de 5 environ. Blois-Est comprend Blois-Ville, et la mortalité plus élevée de 6,92 (je l'ai signalé au début de ce travail) est dûe aux mauvaises nourrices.

4° Que dans l'arrondissement de Romorantin, la mortalité des nourrissons est sensiblement la même dans tous les cantons ; le nombre des parisiens y étant moins élevé et l'influence de ce nombre s'y faisant moins sentir.

J'arrive donc à cette conclusion rigoureuse, que plus il y a de parisiens, plus il y a de décès.

Pourquoi le bébé parisien meurt-il plus chez nous que le bébé Loir-et-Chérien ?

Parce que le bureau de placement homicide nous l'envoie à toute époque de l'année, par les temps de grande chaleur ou par les froids les plus rigoureux ; parce qu'il nous l'envoie à tout âge, quelquefois le lendemain même de la naissance, alors que la résistance vitale est si faible et les fatigues d'un transport si périlleux.

J'ai plusieurs fois relaté dans mes rapports annuels l'histoire navrante de petits prématurés, qu'une nourrice au sein et une couveuse eut sauvés, et qui sont venus mourir à Blois chez leur nourrice, le jour ou le lendemain de leur arrivée sans avoir même pu être réchauffés.

Les bureaux de placement n'ont que trop vécu.

Je ne dénonce pas ici les abus et les trafics qui se pratiquent couramment dans ces louches officines, et qui suffiraient à justifier ma demande de suppression.

A quoi bon ?

J'ai démontré, à l'aide de preuves mathématiques, que l'industrie des bureaux de placement est une industrie infanticide. Ces bureaux n'ont que trop peuplé nos cimetières.

Il faut, et il faut d'urgence, les supprimer.

Mais, m'objectera-t-on, comment les remplacer ?

Le plus simplement du monde. La surveillance de la loi Roussel (voir article 2) est confiée dans le département de la Seine au Préfet de Police et dans les autres départements aux Préfets. Que les mères qui veulent mettre leur enfant en nourrice, que les femmes qui désirent se placer comme nourrices s'adressent, à Paris à la Préfecture de Police et dans les départements aux Préfectures. Une sélection utile se fera déjà parmi les nourrices, puisqu'elles s'y présenteront munies des notes de leur Médecin-Inspecteur. Les mauvaises nourrices seront de ce fait éliminées, les bonnes au contraire, celles qui ont été récompensées, présenteront leurs références.

Les Préfectures veilleront : 1° à ce qu'aucun enfant ne voyage s'il n'est âgé d'au moins quinze jours, se conformant aux instructions de l'Académie de médecine qui a déclaré « qu'il n'est jamais prudent de sortir l'enfant avant le quinzième jour, à moins que la température ne soit très douce; 2° à ce qu'il voyage accompagné de sa nourrice, et dans un wagon confortablement installé. Les Compagnies ont des compartiments pour voyageurs avec chien. Serait-il excessif de leur demander des compartiments pour nourrices avec nourrisson? 3° à ce qu'il ne voyage que s'il est sain, fort et bien constitué, en un mot transportable. Un certificat établi soit par le Médecin-traitant, soit par le médecin chargé du service établira que l'enfant est sain. (Il n'est pas indifférent pour une nourrice même au biberon, de savoir si le nourrisson qu'elle reçoit est ou non hérédo-syphilitique); qu'il est bien constitué et transportable; le poids de l'enfant pris le jour du départ sera le moyen de contrôle le plus simple et le plus sérieux. Tout enfant qui ne pèsera pas le poids normal moyen de son âge ne sera pas déplacé.

Que d'existences perdues eussent été conservées si ces sages précautions avaient pu être prises!

Surtout, plus de bureaux de placements; leur disparition sera un bienfait social.

Article 12

TEXTE LÉGAL	TEXTE PROPOSÉ
Un réglement d'administration publique déterminera : 1° Les modes d'organisation du service de surveillance institué par la présente loi; l'organisation de l'inspection médicale, les attributions et devoirs des médecins-inspecteurs, les attributions et devoirs de toutes les personnes chargées des visites;	
2° Les obligations imposées aux nourrices, aux directeurs des bureaux de placement et à tous les intermédiaires du placement des enfants;	(Conservé avec suppression des mots : « aux directeurs des bureaux de placement et à tous les intermédiaires du placement des enfants ».)
3° La forme des déclarations, registres, certificats des maires et des médecins, et autres pièces exigées par les réglements. Le Préfet peut, après avis du Comité départemental, prescrire, par un réglement particulier, des dispositions en rapport avec les circonstances et les besoins locaux.	

Article 13

TEXTE LÉGAL	TEXTE PROPOSÉ
En dehors des pénalités spécifiées dans les articles précédents, toute infraction aux dispositions de la présente loi et des réglements d'administration publique qui s'y rattachent est punie d'une amende de cinq à quinze francs (5 à 15 fr.). Sont applicables à tous les cas prévus par la présente loi le dernier paragraphe de l'article 463 du Code pénal et les articles 482, 483 du même Code.	(Conforme au texte légal.)

Article 14

TEXTE LÉGAL	TEXTE PROPOSÉ
Les mois de nourrice dus par les parents ou par toute autre personne font partie des créances privilégiées et prennent rang entre les n°s 3 et 4 de l'article 216 du Code civil.	Les mois de nourrice................ .... l'article 216 du Code civil. Le mode de paiement des soins médicaux et pharmaceutiques assurés par les médecins-inspecteurs aux enfants en nourrice, en sevrage ou en garde, placés sous la surveillance de la présente loi, sera déterminé par le réglement d'administration publique.

Il est illogique que la loi Roussel qui protège les nourrissons bien portants, les abandonne et les ignore quand ils ont surtout besoin d'être protégés, quand ils tombent malades.

Cette situation très anormale a de tout temps préoccupé les inspecteurs de l'Assistance et les Comités départementaux.

Le Comité départemental de Loir-et-Cher avait déjà en 1897 émis le vœu que les enfants soumis à la loi de protection soient inscrits d'office sur les listes d'assistance médicale gratuite et bénéficient ainsi de la loi du 15 juillet 1893.

Ce vœu n'était pas très légal. On ne peut pas imposer aux communes les charges de l'Assistance gratuite pour des enfants qui ne sont pas des indigents.

Elles protesteraient, et leurs protestations seraient entendues, parce que légitimes.

M. Tissot, notre Inspecteur départemental, s'est attaché de façon assez spéciale à l'étude de cette intéressante question.

De son rapport annuel de 1907 je détache les passages suivants :

« Il est bien évident qu'une nourrice mal payée hésitera jusqu'au dernier moment avant d'engager une dépense médicale ou pharmaceutique dans laquelle elle ne sera pas sûre de rentrer. Il s'ensuit que le médecin est appelé souvent au chevet d'un enfant moribond, alors que, quelques jours plus tôt, il aurait eu des chances de le sauver.

« On a pensé solutionner la question en proposant l'inscription des enfants protégés sur les listes d'assistance gratuite et en laissant à l'administration le soin d'exercer les recours convenables contre les parents. Mais, en l'état actuel de notre législation, il n'est pas possible de contraindre les municipalités à cette inscription d'office.

« La garantie du salaire nourricier est la garantie de bons soins. Une réglementation peut intervenir aux termes de laquelle : 1° les mois de nourrices soient payables d'avance ; 2° les nourrices impayées soient tenues d'en faire la déclaration à la Mairie dans les dix jours de l'échéance ; 3° le maire avertit alors le service départemental qui recherche les parents et les met en demeure de s'acquitter dans un délai à l'expiration duquel l'enfant est ou rapatrié d'office ou confié à l'Assistance publique ; 4° le salaire nourricier comprend une part spéciale destinée aux soins médicaux et pharmaceutiques et qui est versée directement aux médecins-inspecteurs à titre d'abonnement ; 5° le médecin-inspecteur, moyennant cette rétribution, est tenu de visiter l'enfant à chaque réquisition de la nourrice et de lui fournir les médicaments convenables. »

Je souscris à toutes ces propositions qui sont certainement de nature à améliorer la condition de l'enfant protégé. Le paragraphe 4 de M. Tissot soulèvera seulement de ma part quelques objections.

Le système de l'abonnement préconisé par M. Tissot est un système condamné. Le médecin consciencieux accepte sans enthousiasme une rétribution fixe, généralement insuffisante, qui l'indemnise trop si les enfants sont bien portants et trop peu s'ils sont malades. Quant au médecin non consciencieux qui ne trouve aucun intérêt à soigner avec zèle (puisque la fréquence et la qualité des visites n'ont pas de répercussion sur le chiffre de la rétribution) il ne fait que le strict nécessaire, quand il le fait. En d'autres termes avec le système de l'abonnement, le service n'est pas assuré. Le seul système acceptable est celui du paiement à la visite.

M. Tissot dit que la part spéciale sera versée directement aux médecins, il ne dit pas par qui :

Par les parents ? Ils oublient quelquefois d'honorer la nourrice ; penseront-ils à honorer le médecin ?

Par les nourrices ? Elles sont pour la plupart de pauvres femmes. Les parents ne les paient pas toujours de façon très régulière. Seront-elles régulières avec le médecin ?

Par les communes ? Cela serait plus sérieux.

A mon sens, les communes auxquelles les charges de l'Assistance seraient imposées pour des enfants qui ne sont pas des indigents devraient être autorisées à prélever comme compensation de ces charges une retenue par nourrisson et par mois sur le salaire nourricier mensuel. Elles trouveraient ainsi une source de revenus faciles à percevoir, absolument légitime, et qui les indemniserait du sacrifice imposé.

Le paragraphe 4 de M. Tissot pourrait donc dans le réglement d'administration publique être modifié comme suit :

« Le salaire nourricier comprendra une part spéciale, destinée aux soins médicaux et pharmaceutiques. Cette part sera prélevée par les communes qui auront la charge d'indemniser directement les médecins et les pharmaciens aux conditions et selon les tarifs de l'Assistance médicale gratuite. »

Article 15

TEXTE LÉGAL	TEXTE PROPOSÉ
Les dépenses auxquelles l'exécution de la présente loi donnera lieu, sont mises par moitié à la charge de l'Etat et des départements intéressés. La portion à la charge des départements est supportée par les départements d'origine des enfants et par ceux où les enfants sont placés en nourrice, sevrage ou en garde, proportionnellement au nombre des dits enfants. Les bases de cette répartition sont arrêtées tous les trois ans par le Ministre de l'Intérieur. Pour la première fois, la répartition sera faite d'après le nombre des enfants en nourrice, en sevrage ou en garde, existant dans chaque département au moment de la promulgation de la présente loi.	(Conforme au texte légal.)

J'ai passé en revue un à un les quinze articles de la loi de 1874, proposant pour chacun d'eux les modifications que dans mon expérience de praticien je considère comme nécessaires. Elles entraîneront nécessairement un remaniement complet du réglement d'administration publique y annexé.

Deux articles du réglement actuellement en vigueur, l'article 10 et l'article 29, devront notamment subir d'importantes modifications :

1° L'article 10 prescrit aux médecins-inspecteurs de visiter le nourrisson *au moins une fois par mois,* et à toute réquisition du Maire.

Je n'ai jamais été requis par aucun Maire, et pourtant j'inspecte dans neuf communes et depuis onze ans. Tant il est vrai que les Maires se désintéressent de la loi Roussel !

Je visite une fois par mois. Le réglement a prévu la possibilité de plusieurs visites mensuelles; mais deux visites doubleraient les dépenses, et des raisons d'économie ont limité en Loir-et-Cher à une visite seulement le service de l'inspection médicale.

La simple visite mensuelle est insuffisante. La santé générale de l'enfant, surtout dans les premiers temps de la vie, et pendant les mois de chaleur se modifie et s'altère vite. Une surveillance trop espacée est incomplète et illusoire. Nous savons d'autre part que la nourrice qui attend le médecin-inspecteur se tient en éveil, soigne le ménage, tient le berceau propre, change l'enfant dès qu'il se salit, a des biberons irréprochables. La visite faite, le décor change; on est libre jusqu'au mois suivant. Il m'est arrivé bien souvent de prendre en défaut des nourrices auxquelles je faisais la mauvaise plaisanterie d'une visite supplémentaire et inattendue. Ennemi des demi-mesures, je demanderai au réglement d'exiger que l'enfant soit visité au moins deux fois par mois.

Pour ne pas trop gréver les finances, et à titre exceptionnel, une seule visite serait exigible dans les communes où fonctionne une consultation de nourrissons, la consultation devenant en principe une fois par mois obligatoire pour les nourrices, les sevreuses et les gardeuses.

Depuis 1906, et sur l'initiative heureuse de M. Mirman, ces consultations sont maintenant assez répandues, et celle de Blois sur laquelle j'ai greffé une Goutte de lait me donne des résultats très encourageants et très heureux.

Le réglement devra, sauf raisons valables, obliger les nourrices à y venir une fois tous les mois avec leur nourrisson. L'enfant de la sorte serait visité deux fois : Une première fois au domicile de la nourrice. A cette visite le médecin inspecterait surtout la maison de la nourrice, son entourage, le berceau, les biberons, etc. ; une seconde fois à la consultation, et cette fois l'enfant serait plus spécialement examiné. Il serait pesé. Une carte postale envoyée en franchise tiendrait les parents au courant de l'état de leur enfant. De loin, ils suivraient ses progrès. Cette innovation qu'a proposée mon confrère le docteur Sergent, de Paris, est certainement très heureuse. Les parents s'intéresseraient davantage à l'enfant dont ils sont séparés et ils apprendraient à connaître le médecin-inspecteur qu'ils ignorent totalement.

Créons donc des consultations de nourrissons. Ne tombons pas dans l'exagération du département de l'Yonne qui en 1908 en comptait déjà 129. Dans les campagnes, où l'hygiène et l'alimentation sont relativement satisfaisantes, on peut s'en passer; mais établissons-les dans les villes et dans tous les centres où l'industrie nourricière est prospère. A ce point de vue, toute latitude pourrait être laissée aux inspecteurs départementaux qui, mieux que personne, ont qualité pour savoir dans quelles localités elles sont utiles et dans quelles autres elles ne le sont pas.

Mais, m'objectera-t-on, les nourrices accepteront mal un dérangement et refuseront de conduire leurs nourrissons à la consultation.

Je ne le crois pas. Nous serons d'abord singulièrement aidés par les parents, qui, désireux de savoir ce que devient leur enfant, donneront comme nous des ordres et imposeront leur volonté.

L'Administration aura d'ailleurs un moyen très excellent et très pratique de se faire obéir. Les nourrices réfractaires seront notées par le Médecin-Inspecteur chargé de la consultation. Et si les bureaux de placement sont supprimés (voir plus haut article 11), si les nourrices ne peuvent être choisies qu'en passant par un intermédiaire obligatoire : la Préfecture de police à Paris et dans la Seine, les Préfectures dans les départements, les Préfectures séviront quand il y aura lieu. Elles avertiront les délinquantes et au besoin les interdiront.

Pour les nourrices récalcitrantes la crainte de l'interdiction sera le commencement de la sagesse.

Signalons à ce sujet et en passant une omission qui devra disparaître dans la prochaine réglementation. Les sanctions dont l'Administration doit disposer contre les nourrices délinquantes devront y être inscrites : le simple avertissement, l'interdiction provisoire, l'interdiction définitive avec ou sans poursuite devant les tribunaux compétents;

2° L'article 29 reconnaît à des médecins étrangers au service le droit de délivrer des certificats aux nourrices.

Il faut avoir été médecin-inspecteur pour savoir combien cet article a nui au bon fonctionnement de la loi Roussel et combien il a été préjudiciable aux enfants.

Tous les ans les médecins-inspecteurs sont tenus de faire un rapport sur leur service, et dans ce rapport ils sont priés de proposer des améliorations et de formuler des vœux.

Tous les ans, avec une unanimité qui m'a toujours impressionné, avec une patience que l'inertie administrative n'a ni lassée ni rebutée, ils demandent qu'on leur accorde le monopole de la délivrance des certificats aux nourrices.

Le plus élémentaire bon sens établit que celui qui a la responsabilité d'un service devrait en avoir les initiatives, que celui qui vit au milieu des nourrices, qui connaît leurs qualités et leurs défauts devrait être seul qualifié pour leur accorder ou leur refuser des certificats d'aptitude.

Et pourtant, le médecin de la commune où réside la nourrice, le médecin de la commune où la nourrice vient prendre l'enfant peuvent délivrer les certificats. En réalité, et c'est ainsi que la chose se passent, *tous* les médecins sans exception délivrent des certificats aux nourrices.

Cette situation est très regrettable. On comprend aisément que nous ne pouvons plus avec un pareil *modus vivendi* refuser le certificat d'aptitude à des nourrices que nous savons mauvaises. Ces femmes éconduites s'adresseront à un médecin qui ne les connaît pas et qui leur accordera moyennant salaire et sans difficulté ce que nous avons refusé.

Je ne m'expose jamais pour ma part à l'humiliation d'un pareil échec. J'accorde sans discussion le certificat à toutes les nourrices bonnes ou mauvaises qui se présentent chez moi, quitte à demander le retrait du nourrisson au bout de quelques semaines ou de quelques mois.

« La loi Roussel, écrivais-je dans un de mes derniers rapports

« fonctionnerait à souhait, si nous n'avions toujours ce gros souci des « mauvaises nourrices dont nous ne pouvons débarrasser nos circons- « criptions. »

« Le jour où le médecin-inspecteur aura enfin obtenu le monopole de la délivrance des certificats aux nourrices, sera un jour mémorable, une date dans l'histoire de la protection. Dès ce jour, en effet, nous pourrons éliminer systématiquement les mauvaises nourrices et leur arracher les pauvres petits qu'elles mènent si nombreux au tombeau.

« Les médecins-inspecteurs demandent le monopole des certificats aux nourrices. C'est bien peu de chose, c'est utile et c'est logique.

« Ils le demandent depuis plus de trente ans. Pourquoi ne pas le leur accorder? Administration et mystère! »

Il faut avoir vécu au milieu des nourrices pour connaître les trafics, les intrigues qui accompagnent si souvent le placement d'un nourrisson.

Dans les villes de province, les placements se font le plus souvent par l'intermédiaire des sages-femmes. J'en connais qui spéculent sur l'obstétrique et sur tout ce qui peut être para-obstétrical, et qui retirent annuellement de cette traite des petits blancs des bénéfices appréciables.

Elles sont en contravention avec l'article 11, alinéa 3. L'administration qui a été souvent officieusement informée laisse faire et ferme les yeux. Cette inertie est encourageante, et le petit commerce qui autrefois était clandestin s'exerce maintenant en plein jour. Les nourrices qui négligent de payer la procureuse reçoivent des notes d'honoraires détaillées.

Peut-être ai-je tort d'incriminer les sages-femmes. Tant de gens commettent le même délit, et pour des raisons quelquefois si curieuses à découvrir!

Un boulanger de Blois vint un jour m'annoncer le placement de son nouveau-né chez une femme de La Chaussée-Saint-Victor. Je connaissais les nourriciers; ils étaient dans la plus noire misère et leur maison était très mal tenue et très insalubre. « Comment, m'écriai-je stupéfait, avez vous bien pu placer votre enfant chez de pareils gens et dans un pareil milieu. »

Ces gens avaient été chaudement recommandés par une laitière. Une enquête soigneuse me fit découvrir que la laitière était propriétaire des nourriciers et que bien des mois de loyer étaient en souffrance. Les mois de nourrice devaient payer les mois de loyer, ou plutôt l'enfant devait payer de sa vie les mois de loyer.

Le certificat de nourrice au médecin-inspecteur, et toutes ces petites infamies cesseront.

Un mot encore et je termine.

La loi Roussel sera bientôt revisée. J'ai signalé à l'attention du législateur toutes les améliorations que mon expérience de praticien m'a fait juger désirables.

Toutes ces améliorations nous seront-elles accordées? Je le souhaite ardemment, dans l'intérêt des petits français dont les existences nous sont si précieuses.

Mais que le législateur ne s'y trompe pas. Ces améliorations nous seraient-elles toutes accordées, et la loi Roussel revisée deviendrait-elle une loi aussi voisine de la perfection que peuvent le devenir les institutions humaines, que la lutte pour la protection des enfants aurait peu avancé, si l'on avait rien fait pour augmenter l'autorité des inspecteurs départementaux et des médecins-inspecteurs.

L'Administration supérieure ne devra pas oublier que nous avons devant nous bien des obstacles, qu'il nous faut lutter contre le mauvais vouloir de certaines municipalités, contre les mauvaises nourrices, contre certains parents ignorants, imbéciles ou coupables, contre les hommes politiques, etc. Les inspecteurs départementaux, fonctionnaires, ont la mentalité de tous les fonctionnaires. Qui oserait les en blâmer? Ils n'ont qu'une idée fixe que traduit la formule : Surtout pas d'histoires!

Mis en face du devoir à accomplir, de la loi à appliquer, ils prévoient les récriminations et les plaintes, les interventions possibles des députés et des sénateurs en faveur des délinquants qui peuvent être des électeurs; et on met fin à tous ces ennuis de service qui tendent les rapports et peuvent compromettre l'avancement, en abandonnant et en classant. La loi de Protection doit planer bien haut au-dessus des misères de la politique et les inspecteurs départementaux devront se sentir suffisamment soutenus en haut lieu pour appliquer la loi avec toute la sévérité désirable, et pour pouvoir résister victorieusement à toutes les sollicitations, si puissantes soient-elles, qui pourraient les écarter du devoir à accomplir.

Les médecins-inspecteurs n'ont aucune autorité. Jusqu'à ce jour ils ont été désarmés.

« A mes débuts, écrit le docteur Truffet de Seyssel, je trouvai le « service des nourrissons en pleine anarchie. Jamais une nourrice n'é- « tait refusée. Quel que fut le sort de l'enfant, elle était sûre d'en « trouver un autre. Mes premières et timides observations furent une « surprise générale, non seulement chez ces bonnes femmes, mais aussi « chez les autorités locales où je me montrais l'ennemi des électeurs « de M. le Maire.

« Cela se passait il y a seize à dix-huit ans. Evidemment depuis « lors, la situation s'est améliorée; non pas cependant au point de ne « plus avoir d'histoires; la protection de l'enfance n'est pas encore « la cité heureuse. Ainsi, il y a quelques années, un médecin fut révo- « qué de ses fonctions par un Préfet. Sans doute pour les mal rem- « plir? Bien au contraire, pour les remplir avec trop de zèle, pour « avoir méconnu qu'une nourrice dont le mari rend des services élec- « toraux est toujours une bonne nourrice. »

« Et le docteur Truffet ajoute spirituellement : Il y a les biberons bien pensants. »

Je n'aurais sans doute pas relaté cette citation si le médecin exécuté dont parle mon confrère n'était un Loir-et-Chérien, ayant exercé en Beauce, et si l'homme politique qui le fit exécuter n'avait été un de nos sénateurs influents, aujourd'hui décédé.

On se plait à répéter dans certains milieux administratifs que si tous les médecins inspecteurs faisaient leur devoir, la loi Roussel n'aurait pas besoin d'être revisée.

Il y a là une exagération; la loi n'est plus au point et doit être revisée.

Les médecins d'ailleurs ne peuvent pas toujours faire leur devoir, et si l'on a eu à regretter chez eux certaines défaillances, elles sont excusables devant l'indifférence et l'inertie de l'Administration.

Quoi d'étonnant à ce que las de crier dans le désert pour demander des réformes qui n'arrivent jamais, une autorité qui n'est jamais accordée, ils finissent par se désintéresser de tout, et se résignent finalement à ne plus être que des machines automatiques à signer des carnets.

Qu'on ne l'oublie pas en haut lieu :

C'est le médecin-inspecteur qui a implanté en France la loi de Protection. C'est lui qui a fait pénétrer partout jusque dans les hameaux les plus reculés les notions de l'élevage scientifique, c'est lui qui a porté partout les sages préceptes de la puériculture.

C'est à son dévouement incessant que la France doit cette diminution si considérable de la mortalité infantile, que je signalais au commencement de ce travail.

Il a lutté hier contre l'ignorance et contre les préjugés meurtriers. Il luttera encore demain. Mais pour lutter, il faut des armes.

Donnez-les lui.

Jusqu'à ce jour qu'à été le médecin-inspecteur?
Rien.
Qu'est-il en réalité?
Tout.
Que doit-il et que veut-il être?
Quelque chose.

Imp. René Breton, 13, rue Gallois, Blois

www.ingramcontent.com/pod-product-compliance
Ingram Content Group UK Ltd.
Pitfield, Milton Keynes, MK11 3LW, UK
UKHW021205230726
13926UKWH00001B/318